L'UNIVERS.

HISTOIRE ET DESCRIPTION

DE TOUS LES PEUPLES.

DICTIONNAIRE ENCYCLOPÉDIQUE

DE

LA FRANCE.

PLANCHES.

TROISIÈME PARTIE.

PARIS.
TYPOGRAPHIE DE FIRMIN DIDOT FRÈRES,
RUE JACOB, 56.

FRANCE.

PLANCHES
DU DICTIONNAIRE ENCYCLOPÉDIQUE

REPRÉSENTANT

LES ÉDIFICES LES PLUS REMARQUABLES DE TOUTES LES ÉPOQUES

ET UN CHOIX DE MONUMENTS RELATIFS

AUX MOEURS ET COUTUMES DES FRANÇAIS,

D'APRÈS

LES DOCUMENTS LES PLUS AUTHENTIQUES,

RÉUNIS ET GRAVÉS

PAR M. LEMAITRE.

TROISIÈME PARTIE.

MONUMENTS DU 15ᵉ SIÈCLE,
DE LA RENAISSANCE ET DES TEMPS MODERNES.

PARIS,

FIRMIN DIDOT FRÈRES, ÉDITEURS,

IMPRIMEURS-LIBRAIRES DE L'INSTITUT DE FRANCE,
RUE JACOB, Nº 56.

M DCCC XLV.

EXPLICATION

ET

CLASSEMENT DES PLANCHES

QUI ACCOMPAGNENT

LE DICTIONNAIRE ENCYCLOPÉDIQUE DE L'HISTOIRE DE FRANCE.

⋆◦◦◦⋆

TROISIÈME PARTIE.

MONUMENTS DU QUINZIÈME SIÈCLE,
DE LA RENAISSANCE ET DES TEMPS MODERNES.

QUINZIÈME SIÈCLE.

ICONOGRAPHIE.

420. (418) Charles VII, d'après une miniature du manuscrit de Colbert, de la *Chronique de Monstrelet*.

421. (419) Le même, d'après une autre miniature.

422. (420) Entrée de Charles VII à Paris, d'après une miniature d'un manuscrit de la *Chronique de Monstrelet*. Voy. l'article ENTRÉES ROYALES. t. VII, p. 393.

423. (421) Estienne de La Hire et Jean Potron de Saintrailles, allant fourrager dans le pays du duc de Bourgogne, d'après un dessin de la collection Gaignières, vol. VI, pag. 50. Voy. t. IX, p. 870, et t. XII, p. 1001.

424. (422) Guyot d'Augerans présente à Charles de Bourgogne, comte de Nevers et de Rhetel, le livre de Girard de Nevers et de la belle Euriant, d'après un dessin de la collection Gaignières, vol. VI. Voyez l'art. NEVERS (comtes de), t. XI, p. 154.

425. (423) Louis XI, d'après le portrait qui se trouvait dans l'appartement de la duchesse de Nemours à l'hôtel de Soissons. Voyez la collection Gaignières, vol. VII, p. 2.

426. (424) Le même prince, d'après Dutillet. Voyez t. X, p. 359 et suiv.

427. (425) Philippe le Bon, duc de Bourgogne, d'après Willemin. Voyez l'art. BOURGOGNE (ducs de), t. III, p. 262 et suiv.

428 (426) Sceau et signature de Charles le Téméraire, duc de Bourgogne.

On lit en légende autour du sceau :

𝕮𝖆𝖗𝖔𝖑𝖎. 𝕯𝖊𝖎. 𝖌𝖗𝖆𝖈𝖎𝖆. 𝕭𝖚𝖗𝖌𝖚𝖓𝖉𝖎𝖊. 𝕷𝖔-𝖙𝖍𝖆𝖗𝖎𝖓𝖌𝖎𝖊. 𝕭𝖗𝖆𝖇𝖆𝖓𝖈𝖎𝖊. 𝕷𝖎𝖓𝖇𝖚𝖗𝖌𝖎𝖊. 𝖊𝖙. 𝕷𝖚𝖈𝖊𝖒𝖇𝖚𝖗𝖌𝖎𝖊. 𝖉𝖚𝖈𝖎𝖘. 𝕱𝖑𝖆𝖓𝖉𝖗𝖎𝖊. 𝕬𝖗𝖙𝖊𝖘𝖎𝖊. 𝕭𝖚𝖗𝖌𝖚𝖓𝖉𝖎𝖊. 𝕻𝖆𝖑𝖆𝖙𝖎𝖓𝖎. 𝕳𝖔𝖑𝖑𝖆𝖓𝖉𝖎𝖊. 𝕵𝖊-𝖑𝖆𝖓𝖉𝖎𝖊. 𝖊𝖙. 𝕽𝖆𝖒𝖚𝖗𝖈𝖎𝖊. 𝖈𝖔𝖒𝖎𝖙𝖎𝖘. 𝖘𝖆𝖈𝖗𝖎. 𝖎𝖒𝖕𝖊𝖗𝖎. 𝖒𝖆𝖗𝖈𝖍𝖎𝖔𝖓𝖎𝖘. 𝖉𝖓𝖎. 𝕱𝖗𝖎𝖘𝖎𝖊. 𝖉𝖊 𝕾𝖆𝖑𝖎𝖓𝖎𝖘. 𝖊𝖙 𝖉𝖊. 𝕸𝖆𝖈𝖍𝖑𝖎𝖓𝖎𝖊; *Sceau de Charles, par la grâce de Dieu, duc de Bourgogne, de Lorraine, de Brabant, de Limbourg et de Luxembourg; comte de Flandre, d'Artois, du palatinat de Bourgogne, de Hollande, de Zélande et de Namur; marquis du St-Empire; sire de la Frise, de Salins et de Male.* Voyez t. III, p. 264 et suiv.

429. (427) Guillaume Juvenel des Ursins, chancelier de France en 1445, mort en 1472; d'après un dessin de la collection Gaignières, vol. VII. Voy. t. VI, p. 518.

430. (428) Charles VIII, d'après Léonard de Vinci. Voy. t. IV, p. 550.

431. (429) Charles d'Orléans, comte d'Angoulême, père de François Ier, d'après un dessin de la collection Gaignières, vol. VII. Voy. t. XII, p. 799.

432. (430) Le roi René dans son cabinet, d'après un manuscrit de la Bibliothèque

I

du roi, fonds de St-Germain-des-Prés, n° 1211. Voy. t. XI, p. 759.

Voy. t. XI, p. 759.

NUMISMATIQUE.

433 (455) Monnaies du quinzième siècle.

N° 1. HENRICUS. FRANCORV. ET. ANGLIE REX, entre grènetis, une fleur de lis commençant la légende; dans le champ, un ange les ailes éployées, tenant deux écus, à dextre celui de France, à senestre celui d'Angleterre.

℟. — XPC : VINCIT : XPC : REGNAT : XPC : IMPERAT, entre grènetis ; dans le champ, une croix latine accostée, à dextre, d'une fleur de lis, à senestre, d'un léopard.

Salut d'or, frappé au nom de Henri VI d'Angleterre, comme roi de France. Voyez t. IX, p. 375.

N° 2. + KAROLVS : FRANCORV : REX; dans le champ un K couronné et accosté de deux fleurs de lis.

℟. — + SIT NOMEN : DNI : BENEDICTVM; dans le champ, une croix à branches égales.

Carolus de billon de Charles VIII. Voyez t. IV, p. 191 et 551.

N° 3. LVDOVICVS : DEI : GRA : FRANCOR : REX, entre grènetis, une couronne commençant la légende; dans le champ, saint Michel armé de l'écu de France et terrassant un dragon.

℟. — XPC : VINCIT : XPC : REGNAT : XPC : IMPERAT, entre grènetis, une couronne commençant la légende ; dans le champ, une croix fleuronnée.

Médaille frappée par Louis XI en commémoration de l'institution de l'ordre de St-Michel. Voyez t. X, p. 367.

N° 4. SANCTUS ANDREAS, entre grènetis; dans le champ, saint André tenant sa croix.

℟. — KAROLVS. DEI GRA. CO FLAND, entre grènetis. La légende est coupée en quatre parties par une grande croix, sur laquelle est posé un écu écartelé au 1ᵉʳ et au 3ᵉ de Bourgogne, au 2ᵉ et au 4ᵉ de Brabant parti de Flandre.

Monnaie de Charles le Téméraire, frappée par la Flandre. Voyez t. VIII, p. 129.

N° 5. + KAROLVS : DEI : GRA : FRANCORV : entre grènetis ; dans le champ, un écu de France timbré d'un heaume surmonté d'une couronne royale.

℟. — ET FORCALQERII : COMES : PROVICIE, entre grènetis; dans le champ un K couronné et accosté de deux A.

Demi-écu d'or, frappé par Charles VIII à Forcalquier pour la Provence. Les deux A font allusion au nom d'Anne de Bretagne. Voyez t. IV, p. 551 et suiv.

N° 6. LVDOVICVS : FRAN. REGNIQ. NEAP. R.; dans le champ, le buste du roi couronné et tourné à droite.

℟. — + PERDAM BABILONIS NOMEN, en-

tre grènetis; dans le champ, l'écu de France timbré d'une couronne royale.

Ducat d'or de Louis XII, frappé pendant les démêlés de ce prince avec Jules II. Voyez t. XI, p. 374.

MONUMENTS RELIGIEUX.

434. (434) Cathédrale de Toul, d'après le comte de Laborde.

Saint-Gérard, évêque de Toul, jeta, vers le milieu du dixième siècle, les fondements de cet édifice, qui fut achevé en 981, sauf le portail, qui fut commencé seulement en 1447, sur les dessins et sous la direction de Jacquemin de Commercy, et ne fut terminé qu'en 1496. La hauteur de ce portail, à partir du sol, est de 72 m. 73 c.

435. (435) Façade de la cathédrale d'Auxerre.

Cette cathédrale, qui est dédiée à saint Étienne, a 97 m. 45 c. de longueur, sur 38 m. 98 c. de largeur dans œuvre, et 32 m. 48 c. de hauteur sous clef de voûte. La tour s'élève à 59 m. 44 c. au-dessus du sol. Elle est, ainsi que la plupart des édifices du même genre, l'ouvrage de plusieurs siècles; l'église souterraine fut commencée en 1035; le grand autel consacré en 1119; le chœur est une construction des douzième et treizième siècles ; la nef et le grand portail sont du quatorzième; le portail du nord fut bâti de 1414 à 1426; enfin, la tour fut achevée vers 1543.

436. (436) Porche de l'église Saint-Germain l'Auxerrois, à Paris. Voy. t. XI, p. 381.

437. (458) Cathédrale de Sens.

On fait remonter à l'année 472 la fondation de cet édifice, dont la croisée ne fut cependant construite que dans le courant du treizième siècle. Un incendie l'avait considérablement endommagée en 1184; Philippe Auguste la fit réparer, et y ajouta une tour dite la *tour de Plomb*. Mais l'autre tour, la *tour de Pierre*, s'écroula en 1267, et elle ne fut rebâtie que longtemps après, sous l'épiscopat de Salazar, lequel la fit élever jusqu'à la lanterne qui la termine. Cette lanterne même fut construite par le cardinal Duprat.

Cette cathédrale renferme les tombeaux du dauphin, fils de Louis XV, et de Marie-Joseph de Saxe son épouse; de l'archevêque Salazar, du cardinal Duprat, des deux Duperron, etc.

438. (459) Cathédrale de Metz.

Les fondements de cette cathédrale furent jetés en 1014 par l'évêque Thierry; mais on cessa bientôt d'y travailler. Les constructions ne furent reprises qu'en 1323, par l'évêque Adémar de Monthil, qui fit élever la nef, moins les deux dernières travées, que l'évêque Henri de Lorraine fit construire en 1503. La chapelle collatérale de *Notre-Dame de la Tierce* avait été bâtie en 1456, par le vicaire général, Jacques de Linange, Henri de Lorraine fit élever l'autre et termina le chœur (1509). Les vitraux furent posés en 1521 à 1526, par Antoine Bousch de Strasbourg ; enfin, ce magnifique édifice fut béni et consacré au culte en 1546.

La tour, dont la hauteur est de 121 m. 16 c., y compris la flèche, fut construite en 1381 ; la flèche ne fut élevée que cent ans après. Le portail est de la fin du dix-huitième siècle.

La longueur totale de l'édifice est de 121 m. 16 c.; sa largeur de 30 m. 04 c.; la largeur de la nef de 15 m. 64 c., et sa hauteur sous clef de voûte de 42 m. 87 c.

439. (309) Cathédrale de Rouen, d'après le baron Taylor, *Normandie.*

Cet édifice, dont la construction fut commencée vers l'an 1100, devint en 1212 la proie d'un violent incendie. Jean sans Terre, duc de Normandie et roi d'Angleterre, assigna des fonds pour le reconstruire, mais il ne fut achevé que dans le seizième siècle. Il a 132 m. 85 c. de longueur et 31 m. 50 c. de largeur dans œuvre. La hauteur de la nef est de 27 m. 26 c., ; celle des bas-côtés, de 13 m. 64 c. La croisée a 53 m. 18 c. de longueur sur 8 m. 44 c. de largeur. Au centre est la lanterne, élevée de 51 m. 88 c. sous clef de voûte, et soutenue par quatre gros piliers supportant le soubassement d'une tour carrée, sur laquelle s'élevait, jusqu'à une hauteur de 128 m. 63 c. au-dessus du sol, un clocher pyramidal en charpente, couvert en plomb. Ce clocher a été détruit par la foudre en 1822. A sa place on élève une tour en fonte de fer qui n'aura pas moins de 141 m. 62 c. de hauteur. La façade principale a 55 m. 22 c. de large y compris les tours. La plus élevée de celles-ci a 75 m. 68 c. de hauteur. Le portail est du commencement du seizième siècle. Il est à remarquer que la tour du nord, dont la construction paraît appartenir au XIIIe siècle, repose sur des restes de style roman. La fameuse cloche dite de Georges d'Amboise, montée dans la tour du midi, fut sonnée en volée par seize hommes, pour la première fois, le 16 février 1502.

440. (437) La tour Saint-Jacques de la Boucherie, à Paris.

L'église dont cette tour faisait partie, fondée, en 1119, sur l'emplacement d'une chapelle qui existait déjà en 954, fut reconstruite au quinzième siècle, en partie aux frais de Nicolas Flamel, qui y fut inhumé en 1417 (voy. t. VIII, p. 112). Elle ne fut terminée que sous François Ier, en 1520; la tour fut élevée à cette dernière époque. L'église, vendue pendant la révolution, fut alors démolie; la tour, qui seule existe encore, a été rachetée par la ville de Paris, en 1836; elle a 50 m. 67 c. de hauteur.

441. (389) Chaire de la cathédrale de Strasbourg, d'après le comte de Laborde.

Cette chaire a été construite en 1486, sur les dessins de l'architecte Jean Hammerer. Le baldaquin dont elle est surmontée est en bois sculpté ; on le doit à Conrad Cullin et à son fils, maîtres menuisiers de Strasbourg, qui l'achevèrent en 1617.

MONUMENTS PUBLICS.

442. (446) Hôtel de ville de Douai, d'après un dessin de M. Ernest Breton.

443. (447) Hôtel de ville de Saint-Quentin d'après un dessin de M. Ernest Breton.

444. (353) Tour de l'Horloge, à Evreux, bâtie, en 1417, sous la domination des Anglais ; d'après le baron Taylor, *Normandie,* pl. 226.

445. (454) Le Pilori des Halles, à Paris, d'après Millin, *Antiquités nationales,* t. III. Voy. l'art. PILORI, t. XI, p. 598.

446. (615-452 A) Pont à ogives, à Montauban.

MONUMENTS PRIVÉS.

Châteaux.

447. (439) Château de Josselin (Morbihan), réparé par Olivier de Clisson, qui y mourut en 1407. Voy. t. IX, p. 735.

448. (442) Cour du château de Nantes.

Cette masse de bâtiments, dont quelques auteurs attribuent la fondation à l'un des premiers comtes de Nantes, Alain Barbe Torte, mort en 943, sert aujourd'hui de magasin à poudre.

449. (443) Château Dunois, à Châteaudun. Voy. t. V, p. 33.

450. (444) Escalier au château Dunois.

451. (445) Ruines du château de Comines, près de Menin (Nord). Voy. Millin, *Antiquités nationales,* vol. V.

C'est dans ce château que naquit le célèbre auteur des *Mémoires.* Voy. t. V, p. 335.

Hôtels et manoirs.

452. (448) Hôtel de Cluny, à Paris, occupé aujourd'hui par le musée fondé par M. du Sommerard. Ce fut Jean de Bourbon, abbé de Cluny, fils naturel de Jean Ier, duc de Bourbon, qui commença à bâtir l'hôtel de Cluny, sur les fondations d'une partie de l'ancien palais romain ; mais sa mort, le 2 décembre 1485, vint arrêter les travaux, qui ne furent repris qu'en 1490 par Jacques d'Amboise, abbé de Cluny, depuis évêque de Clermont, et le septième des neuf fils de Pierre d'Amboise, seigneur de Chaumont. Voyez Piganiol de la Force.

453. (449) Tourelle de l'hôtel de la Trémouille, rue des Bourdonnais, à Paris. Cet hôtel a été démoli en 1841; on en a transporté les débris au palais des Beaux-Arts. Voy. l'article HABITATIONS, t. IV, p. 295.

454. (450) Manoir du quinzième siècle, à

Nantes, d'après Guépin, *Histoire de Nantes*, p. 174.

455. (451) Cheminée, à Crépy en Valois, d'après le baron Taylor, *Picardie*.

MOEURS ET COUTUMES.

456, 457 et 458. (431, 432 et 433) Tournoi, d'après le manuscrit des *Tournois du roi René*, n° 8352 de la Bibliothèque du roi.

1° 456. (431) *Le duc de Bretagne remet l'épée au roi d'armes pour l'envoyer porter au duc de Bourbon.*

2° 457. (432) *Le roi d'armes porte l'épée au duc de Bourbon.*

3° 458. (433) *Le duc de Bretagne et le duc de Bourbon au tournoi.*

Voyez les articles PAS D'ARMES, t. XI, p. 436; TOURNOIS, t. XII, p. 706, etc.

Costumes, meubles.

459. (462-455 A) Costume du quinzième siècle, d'après une miniature du manuscrit du *Livre d'heures d'Anne de Bretagne*. Voy. t. VI, p. 137. Ce manuscrit, que l'on conserve à la Bibliothèque royale, est orné de nombreuses figures représentant les opérations agricoles de chaque mois, les différentes fêtes de l'année et un grand nombre de plantes.

460. (457) Meubles du quinzième siècle.

MONUMENTS MILITAIRES.

461. (440) Château du roi René, à Tarascon, d'après un dessin de M. Ernest Breton.

Ce château, commencé, en 1400, par le comte de Provence Louis II, et achevé par le roi René, a la forme d'un grand carré très-élevé; il est flanqué, du côté de la ville, de deux belles tours rondes, et du côté du fleuve, de deux tours carrées irrégulières. Une enceinte plus basse, défendue par d'autres tours, s'étend vers le nord.

462. (441) Château de Joux, d'après le baron Taylor, *Franche-Comté*. Voy. t. IX, p. 746.

463. (452) Pont de Valendre, à Cahors, d'après le baron Taylor, *Languedoc*.

Ce pont, ainsi appelé du nom de l'architecte qui l'a élevé, date, suivant quelques auteurs, du quatorzième siècle; suivant d'autres, du quinzième.

464. (456) Armes et armures du quinzième siècle.

MONUMENTS FUNÉRAIRES.

465 (438) Tombeau dans l'église de Villeneuve-lez-Avignon, d'après le baron Taylor, *Languedoc*, pl. 243.

MONUMENTS DU RÈGNE DE LOUIS XII, DE 1498 A 1515.

ICONOGRAPHIE.

466. (460) Médailles de Louis XII.

Première figure : + FELICE. LVDOVICO. REGNANTE. DVODECIMO. CESAR. ALTERO.

GAVDET. OMNIS. NATIO. Dans le champ, le buste du roi tourné à droite, coiffé d'un bonnet, et ayant au cou le collier de Saint-Michel, le tout dans un semis de fleurs de lis (Voyez tome X, page 835).

La seconde figure est le revers d'une autre médaille du même prince. On y voit, en légende, SEMPER. AVGVSTVS. VICTOR. TRIVMPHANS; dans le champ, un porc-épic surmonté d'une couronne; en dessous, trois tours. On sait que le porc-épic était l'emblème de la maison d'Orléans-Valois.

467. (461) Louis XII, d'après un dessin de la collection Gaignières, vol. VII.

468. (462) Anne de Bretagne, d'après une miniature de son *Livre d'heures*.

469. (463) N° 1. Georges d'Amboise, d'après une médaille; on y lit : GEORGIVS. DAMBOISE. *Sanctæ Ecclesiæ* CARDinalis. Voyez t. I, p. 220.

N° 2. Louis II, marquis de Saluces; n° 3. Léonard de Vinci. Ces deux dernières figures sont sculptées en camée, sur agate onyx.

470. (464) Charles d'Amboise II, maréchal et amiral de France, d'après un dessin de la collection Gaignières, t. VII. Voy. t. I, p. 517.

MONUMENTS RELIGIEUX.

471. (468) Cathédrale de Tours.

Cette église, dédiée à saint Gratien, fut fondée par saint Martin, en 347; incendiée en 561; rebâtie sur un plus vaste plan, par Grégoire de Tours; incendiée de nouveau à la fin du douzième siècle, rebâtie alors, mais si lentement, qu'elle ne fut entièrement achevée qu'en 1550.

472. (469) Porche de l'église Sainte-Cécile à Albi, d'après le baron Taylor, *Languedoc*.

473. (470) Jubé de cette église.

L'évêque Bernard de Castanet posa en 1282 la première pierre de cet édifice, qui ne fut complétement achevé qu'en 1512, deux cent trente ans après sa fondation. Dominique de Florence, qui fut deux fois évêque d'Albi, fit construire le porche représenté dans la planche 469. C'est à Louis d'Amboise (1502-1511) que l'on doit le jubé et la décoration du chœur, qui est d'une grande richesse.

La longueur totale de l'église dans œuvre, y compris les deux chapelles placées aux extrémités, est de 107 m. 20 c.; sa largeur de 27 m. 61 c. La hauteur de la voûte est de 30 m. 85 c.; celle de la tour, au-dessus du pavé de l'église, de 97 m. 45 c.

474. (471) Tour de la cathédrale de Rodez.

Cette cathédrale, bâtie en forme de croix latine, du treizième au seizième siècle, a 101 m. 34 c. de longueur, sur 37 m. 35 c. de largeur, et 34 m. 43 c. de hauteur, sous clef de voûte. La tour, construite en 1510, sous l'épiscopat de François d'Estaing, s'aperçoit de plus de 15 lieues; elle est carrée jusqu'au tiers de sa hauteur, devient ensuite octogone, puis cylindrique, et se termine par une plate-forme, au milieu de laquelle s'élève une jolie lanterne couronnée par une statue colossale de la Vierge. Quatre tourelles, appuyées sur les angles de la partie carrée, flanquent cette tour jusqu'au sommet, et supportent les statues des quatre évangélistes.

475. (472) Jubé de la cathédrale de Rodez, construit de 1501 à 1529, sous l'épiscopat de François d'Estaing.

476. (473) Siége de l'évêque dans la même cathédrale, d'après le baron Taylor.

477. (474) Cathédrale de Senlis, façade principale.

478. (475) Cathédrale de Senlis, portail du midi, d'après le baron Taylor, *Picardie*.

On attribue à Charlemagne la fondation de la cathédrale de Senlis. Détruite par la foudre en 1304, cette église ne fut rebâtie que sous Louis XII, qui y consacra la retenue d'un denier sur chaque mesure du sel vendu dans le royaume. Le portail est à plein cintre décoré de vignes, de raisins et d'une frise tournante garnie d'oiseaux. Le vaisseau est vaste et d'une construction hardie. La flèche a 68 m. 53 c. d'élévation.

479. (476) Église Saint-Pierre de Senlis.

Cette église, vendue pendant la révolution, contient maintenant une fabrique de poudre de chicorée.

480. (477) Église de Saint-Riquier (Somme), d'après le baron Taylor, *Picardie*.

481. (523-477 A) Portail de cette église.

L'abbaye de Saint-Riquier, fondée vers l'an 570, était une des plus célèbres de la France. L'église a été bâtie à la fin du quinzième siècle; elle a 101 m. 34 c. de longueur, 25 m. 98 c. de largeur, et 42 m. 23 c. de hauteur du pavé à la voûte. Le mur de l'ancienne trésorerie est décoré de peintures à fresque très-curieuses; elles représentent Hugues Capet apportant dans cette abbaye les reliques de saint Riquier. Au-dessus est figurée la danse macabre (voy. ce mot, t. IV, p. 325); le tympan du porche est décoré d'un arbre généalogique représentant les ancêtres de Jésus-Christ. Les bâtiments du monastère sont aujourd'hui occupés par le petit seminaire du diocèse d'Amiens.

482. (478) Autel de l'église de Foll-Goat (Finistère).

483. (479) Porte du cimetière de l'église de la Martyre, près Landerneau.

484. (480) Calvaire de pierre, près Lauderneau.

MONUMENTS PUBLICS.

485. (482) Détail de la façade du palais de justice de Rouen.

486. (483) Grande salle du palais de justice de Rouen.

Cet édifice a été achevé en 1499. La grande salle que représente la planche 486 (483), a 55 m. 22 c. de longueur sur 16 m. 24 c. de largeur; la charpente qui lui sert de voûte est remarquable : elle représente exactement la carcasse d'un vaisseau renversé.

487. (484) Hôtel de ville de Compiègne, d'après le baron Taylor, *Picardie*.

488. (487) Fontaine de la place Delille, à Clermont-Ferrand, construite, en 1511, par Jacques d'Amboise, frère du cardinal; d'après le baron Taylor, *Auvergne*, pl. 50 et 51.

489. (487 A) Maison et fontaine du temps de Louis XII, à Mantes.

MONUMENTS PRIVÉS.

490. (481) Cour principale du palais du cardinal d'Amboise à Gaillon, d'après le baron Taylor. Voy. t. VIII, p. 564.

491. (489) Meubles et ustensiles du temps de Louis XII.

MONUMENTS MILITAIRES.

Armes et costumes militaires.

492. (488) Armes du temps de Louis XII.

493. (465) N° 1. Homme d'armes; n° 2. Guidou; n° 3. Enseigne.

494. (466) N° 4. Général; n° 5. Maréchal de France (Pierre de Rohan, seigneur de Gié; voyez t. VIII, p. 792), d'après 5 pièces de tapisserie.

495. (467) Tournoi sous Louis XII, d'après une gravure sur bois (LC, 1509), collection de gravures historiques de la Bibliothèque du roi, vol. IX.

MONUMENTS FUNÉRAIRES.

496. (485) Tombeau du cardinal d'Amboise, à Rouen, d'après le baron Taylor, *Normandie*, pl. 135.

497. (486) Tombeau de François II, duc de Bretagne, à Nantes.

498. (490) Tombeau de Louis XII et de la reine Anne de Bretagne, à Saint-Denis.

Les bas-reliefs de soubassement représentent les victoires des Français en Italie, la bataille d'Aguadel, l'entrée de Louis XII à Milan, etc.

MONUMENTS DU RÈGNE DE FRANÇOIS Ier, DE 1515 A 1547.

ICONOGRAPHIE.

499. (491) Médaille de François Ier.—Revers d'une autre médaille représentant la salamandre.

500. (492) François Ier, d'après Titien, tableau du Musée royal.

501. (493) Marche de François Ier entrant à Paris par le faubourg Saint-Denis, d'après une ancienne gravure sur bois de la collec-

tion des estampes historiques de la Bibliothèque du roi, vol. IX.

502. (494) Bataille de Marignan, d'après le bas-relief de Pierre Bontemps au tombeau de François Ier. Voy. plus loin la note sur la planche 521, et, au DICTIONNAIRE, les articles MARIGNAN (bataille de), t. X, p. 619, et BONTEMPS, t. III, p. 116.

503. — 504. — 505. — 506. — 507. (495), (496), (497), (498) et (499) Entrevue de François Ier et de Henri VIII d'Angleterre au camp du Drap d'Or, d'après les bas-reliefs de l'hôtel de Bourgtheroude, à Rouen; voy. le baron Taylor, *Normandie*. Consultez les articles CHAMP DU DRAP D'OR, t. IV, p. 453, HABITATIONS, t. IX, p. 295, et plus loin, la pl. 511.

508. (500) Bayard, 1524. Voy. t. II, p. 229.

509. (501) Rabelais. Voy. t. XI, p. 811 et suiv.

MONUMENTS RELIGIEUX.

510. (502) Façade de l'église de Brou, près de Bourg (Ain); d'après le baron Taylor, *Franche-Comté*. Voyez 529 (503).

511. (505) Portail de l'église Saint-Merry, à Paris.

Cette église doit son origine à une chapelle sur l'emplacement de laquelle le chapitre de Notre-Dame fit élever, en 1010, une collégiale, dont la reconstruction, commencée en 1520, ne fut achevée qu'en 1612.

512. (506) Portail latéral de Saint-Eustache, à Paris. Voy. l'art. PARIS, t. XI, p. 381.

513. (507) Jubé de l'église de la Madeleine, à Troyes, d'après le comte de Laborde.

Cette église, la plus ancienne de la ville de Troyes, offre dans sa construction de curieux spécimens de l'architecture des douzième, treizième, quatorzième, quinzième et seizième siècles. Le jubé, remarquable par la légèreté et par la richesse de ses détails, a été construit en 1518, par l'Italien Jean Gualdo.

514. (616-507 A) Jubé de la cathédrale de Limoges.

Ce jubé, élevé en 1533, sous l'épiscopat de M. de Langeac, occupa jusqu'en 1789 sa place naturelle entre le chœur et la nef. M. d'Argentré le fit transporter alors au devant de la grande porte, en face du chœur.

MONUMENTS PUBLICS.

515. (514) Hôtel de ville d'Arras.

516. (517) Tour de l'Horloge et maison du seizième siècle, à Rouen.

Cette tour, que l'on voit à droite dans la gravure, a été construite en 1389; elle contient la principale horloge de la ville et la cloche du beffroi. La voûte dite de la *Grosse-Horloge*, par laquelle elle est réunie à l'ancien hôtel de ville, date de 1527.

PALAIS.

517. (508) Pavillon de l'Horloge, au Louvre, construit par Pierre Lescot et Jean Goujon, d'après de Laborde. Voyez l'art. PARIS, t. XI, p. 371.

MONUMENTS PRIVÉS.

Châteaux, manoirs, maisons.

518. (509) Château de Chambord, côté du parc, d'après le comte de Laborde. Voyez t. IV, p. 421.

519. (511) Hôtel du Bourgtheroude, à Rouen, d'après le baron Taylor, *Normandie*, pl. 157.

520. (512) Château de Vigny (Seine-et-Oise), construit par le cardinal George d'Amboise, qui l'habita souvent.

521. (513) Château d'Ecouen, d'après le comte de Laborde. Voy. t. VII, p. 82.

522. (618-513 A) Façade du château d'Azaile-Rideau (Indre-et-Loire).

Ce château, élevé sur pilotis dans une île de l'Indre, est flanqué de tourelles qui forment, avec les deux principaux corps de bâtiments, une masse imposante et du plus bel effet. La façade, composée de trois ordres d'architecture, est couronnée par un fronton aux deux côtés duquel se voient les lettres F et C, initiales de François et de Claude. Les bas-reliefs de la première et de la troisième frise représentent la salamandre de François Ier et l'hermine de Bretagne. Cinq colonnes surmontées de niches, dans la frise desquelles on lit la devise :

Ung seul désir,

servent à lier le rez-de-chaussée avec les étages supérieurs, dont les pilastres, les architraves, toutes les parties, enfin, sont recouvertes d'arabesques du meilleur goût.

523. (515) Maison de plaisance des ducs de Guise à Joinville (Haute-Marne).

Il est difficile de préciser l'époque de la construction de cet édifice; les initiales c. A†., qu'on y trouve, soit seules, soit réunies en monogramme, feraient croire que Claude de Guise le fit élever du vivant de sa femme, Antoinette. Sur les pilastres on lit :

**Toutes pour une,
Là et non plus.**

devises du premier des Guises et de sa famille. (Voy. les art. GUISE, tome IX, p. 257; et JOINVILLE, même tome, page 725.

524. (510) Manoir d'Ango, à Varengeville, d'après le baron Taylor, *Normandie*, vol. II, p. 97.

Voy. la biographie de ce célèbre armateur, t. I, p. 251, et l'art. HABITATIONS, t. IX; p. 295.

525. (516) Maison à Luxeuil (Haute-Saône),
d'après le baron Taylor, *Franche-Comté*,
pl. 138.
526. (520) Meubles et ustensiles du temps de
François Ier.

MONUMENTS MILITAIRES.

527. (518) Porte, à Vezelay (Yonne), d'après
un dessin de M. Ernest Breton.
528. (519) Armes du temps de François Ier.

MONUMENTS FUNÉRAIRES.

529. (503) Tombeau de Philibert le Beau, duc
de Savoie, dans le chœur de l'église de
Brou. Voy. pl. 510 (502).
530. (504) Tombeau de Marguerite de Bourbon, duchesse de Savoie, dans la même
église.

L'église de Notre-Dame de Brou fut construite de 1511 à 1536, par les ordres de
Marguerite d'Autriche, fille de l'empereur
Maximilien et tante de Charles-Quint. Dans le
chœur se trouvent les tombeaux de cette
princesse, de Philibert le Beau, son époux,
et de Marguerite de Bourbon, sa belle-mère.
Ces monuments sont, ainsi que l'église,
l'ouvrage d'un architecte de Dijon, nommé
Colomban (Voyez l'art. BOURG, tome III,
page 231).
531. (521) Mausolée de François Ier, à Saint-
Denis.

Ce monument, élevé en 1550, d'après les
dessins de Philibert Delorme, est tout en
marbre blanc. Seize colonnes ioniques can-
nelées, de six pieds de haut, soutiennent
l'entablement. La voûte principale recou-
vre deux sarcophages sur lesquels sont
couchées les statues, plus grandes que na-
ture, de François Ier et de Claude de
France, sa femme. Cette voûte est ornée
de bas-reliefs exécutés par Germain Pilon,
et représentant les génies de la mort,
le Christ vainqueur des ténèbres, les quatre prophètes de l'Apocalypse. Les bas-
reliefs du soubassement représentent les
batailles de Cérisoles et de Marignan. Au-
dessus de l'entablement sont placées les
statues de François Ier, de la reine et de
leurs trois enfants, en habits de cour et à
genoux. Ces cinq statues, les deux dont
nous avons parlé, et les bas-reliefs du soubassement, sont de Pierre Boutemps. Les
arabesques des petites voûtes et les autres
ornements de ce mausolée sont d'Ambroise
Perret et de Jacques Chantrel. Voy. l'art.
PILON, t. XI, p. 598.

MONUMENTS DES RÈGNES DE HENRI II,
FRANÇOIS II, CHARLES IX ET HENRI
III, DE 1547 à 1589.

ICONOGRAPHIE.

532. (522) Médaille de Henri II, d'après le
Trésor de numismatique et de glyptique.

533. (525) Henri II, d'après son portrait,
peint par Clouet, tableau du Musée royal.
534. (526) Médaille de Catherine de Médicis
attribuée à Jean Cousin. Voy. ce nom; t. VI,
p. 193.
535. (527) Diane de Poitiers; représentée avec
les attributs de Diane chasseresse, par Jean
Goujon, groupe du Musée royal. Voy. les
articles GOUJON (Jean), t. IX, p. 26, et
DIANE DE POITIERS, t. VI, p. 543.
536. (528) Philippe de Chabot; d'après la
statue sculptée par Jean Cousin pour son
tombeau. Voy. t. IV, p. 395.
537. (529) Henri II blessé à mort par Montgomery, d'après un dessin de la collection
d'estampes relatives à l'histoire de France,
à la Bibliothèque royale, vol. X. Voy. t. IX,
p. 369, et t. X, p. 885.
538. (540) François II, d'après un dessin de
la collection Gaignières.
539. (541) Médaille de Charles IX, d'après le
Trésor de numismatique et de glyptique.
540. (542) Charles IX, d'après un dessin de
la collection Gaignières, vol. IX.
541. (543) Buste de l'amiral de Coligny, sculpté
en bas-relief sur une cheminée du château
de Villeroi, et aujourd'hui au Musée du Louvre. Voy. le *Musée de sculpture*, de M. le
comte de Clarac, pl. 102. Voy. t. V, p. 280.
542. (344) François, duc de Guise, d'après
son portrait peint par Clouet, aujourd'hui
au Musée royal. Voy. t. IX, p. 258.
543. (548) Henri III, d'après un dessin de la
collection Gaignières.
544. (549) Procession de pénitents à Paris
(1. Henri III. 2, Le duc de Guise. 3. Le duc de
Mayenne), d'après une gravure de la collection d'estampes relatives à l'histoire de
France, à la Bibliothèque royale, vol. XII.
Voy. les articles PÉNITENTS, t. XI, p. 480;
CHAPELET, t. IV, p. 504; HENRI III, t. IX;
p. 370; GUISE, t. IX, p. 258; MAYENNE,
t. X, p. 686.
545. (550) Anne, duc de Joyeuse, d'après son
portrait gravé par Henri Goltzius.
546. (551) Henri de Lorraine, duc de Guise,
dit le Balafré.

NUMISMATIQUE.

547. (555) Monnaies du seizième siècle.

N° 1. FRANCISCVS : I : D:G : FRANCOR : REX,
entre grènetis; dans le champ, le buste de
François Ier coiffé d'un chapeau et tourné
à droite.

℞. — XPS : VINCIT : XPS : REGNAT · XPS :
IMP., entre grènetis; dans le champ et
dans un cartouche, un écu de France timbré d'une couronne.
Teston d'argent de François Ier. Voyez
t. VIII, p. 464.

N° 2. HENRICVS. II. DEI. G. FRANCOR. REX,
buste de Henri II tourné à droite.

℞. — OPTIMO PRINCIPI; à l'exergue GAL.

LIA; dans le champ, la France personnifiée et nicéphore.

Henri d'or , frappé au balancier. Voyez t. IX , p. 370.

N° 3. ✠ FRANCISCVS. II. D. G. FRANCOR. REX. ; buste lauré , tourné à gauche.

℞. — ✠ SACRA. AC. SALVTA. 17. SEPT. A. D. 1559. REMIS; dans le champ , une main sortant des nuages et tenant la sainte ampoule.

Jeton d'argent, frappé à l'occasion du sacre de François II.

N° 4. CAROLVS : VIIII. D. G. FRANCOR. REX ; buste lauré et tourné à gauche ; à l'exergue, 1573.

℞. — SIT. NOMEN. DOMINI. BENEDIC-TVM ∴ ; dans le champ , un écu de France, timbré d'une couronne et accosté de deux C couronnés; à l'exergue, A.

Teston de Charles IX , frappé à Paris. Voyez t. IV, p. 553.

N° 5. ✠ HENRICVS. III. D. G. FRANC. ET. POL. REX; buste lauré et tourné à droite.

Revers semblable à celui de la pièce précédente, si ce n'est que l'écu n'est pas accosté.

Teston d'argent de Henri III , frappé à Paris. Voyez t. IX , p. 371.

N° 6. CAROLVS. X. D. G. FRANCORVM. REX. 1590. A , entre grènetis ; dans le champ , le buste du cardinal de Bourbon, diadémé et tourné à gauche.

℞. — ✠ SIT. NOMEN. DOMINI. BENEDIC-TVM , entre grènetis; dans le champ , une croix fleuronnée , au centre de laquelle sont deux C entrelacés.

Franc , frappé à Paris au nom du cardinal de Bourbon. Voyez t. IV , p. 554.

MONUMENTS RELIGIEUX.

548. (592) Eglise Saint-Michel, à Dijon, d'après le comte de Laborde.

Les fondements de cette église furent jetés au commencement du seizième siècle; le portail ne fut achevé qu'en 1667. Hugues Sambin fut l'architecte de cette dernière partie de l'édifice. La nef a 61 m. 06 c. de longueur , et 20 m. 69 c. d'élévation sous clef de voûte.

549. (530 A) Façade de l'église Saint-Pierre , à Auxerre.

Cette église, commencée au milieu du seizième siècle, fut achevée en 1672. Les fondements de la tour furent jetés en 1536.

550. (530) Portail de l'église de Villeneuve-le-Roi (Yonne), d'après le comte de Laborde.

MONUMENTS PUBLICS.

551. (535) Hôtel de ville de Paris.

La première pierre de cet édifice fut posée en 1533. Dominique Boccado, dit *de Cortone,* présenta, en 1549, à Henri II un nouveau projet qui fut adopté; mais l'exé-

cution n'en fut terminée qu'en 1605 , sous Henri IV. Voy. PARIS, t. XI, p. 386.

552. (536) Fontaine des Innocents , sculptée par Jean Goujon ; d'après une gravure de la collection d'estampes relatives à l'histoire de France, à la Bibliothèque royale, vol. X. Voy. PARIS , t. XI , p. 391, et GOUJON , t. IX, p. 26.

PALAIS.

553. (545) Château des Tuileries, de Philibert Delorme. Voy. l'art. PARIS , t. XI , p. 369.

MONUMENTS PRIVÉS.

Châteaux royaux.

554. (531) Entrée principale du château d'Anet d'après un dessin de M. Lemaître.

555. (532) Chapelle du château d'Anet, d'après un dessin de M. Lemaître.

556. (533) Portail du château d'Anet, actuellement à l'Ecole des beaux-arts, à Paris.

Voy., sur cet édifice , les articles ANET , t. I, p. 249; DIANE DE POITIERS, t. VI , p. 542; DELORME (Philibert), t. VI, p. 447; GOUJON (Jean), t. IX, p. 27, et COUSIN (Jean), t. VI , p. 193.

557. (534) Château de Chenonceau , d'après le comte de Laborde, pl. 242.

Les fondements de ce château furent jetés , sous le règne de François Ier, par Thomas Bohier ; Henri II l'acheta, en 1535, et le donna , avec le duché de Valentinois, à Diane de Poitiers , qui s'empressa de l'embellir avec le goût et la magnificence qui lui étaient naturels. Catherine de Médicis, après la mort du roi, contraignit sa rivale à lui céder ce domaine en échange de celui de Chaumont-sur-Loire; et Chenonceau gagna encore à ce changement, car la veuve de Henri II , se piquant de surpasser Diane de Poitiers, n'épargna rien pour en faire un séjour délicieux.

Ce château est bâti sur un pont qui traverse le Cher; les premières piles, qui sont creuses, contiennent les cuisines. Au-dessus règne une longue et magnifique galerie qui conduit de l'autre côté de la rivière.

558. (552) Château de Blois.

559. (553) Cour intérieure du château de Blois. Voy. t. III, p. 42.

Habitations.

560. (537) Maison en bois, à Amiens (1555), d'après le baron Taylor, *Picardie.*

Produits des arts et de l'industrie.

561. (539) Vases émaillés de Bernard Palissy. Voy. ce nom, t. XI, p. 315.

Costumes civils.

562. (546) Courtisans , d'après un dessin de la collection Gaignières, vol. IX. Voy. l'art. COSTUMES, t. VI , p. 137.

ARMES ET COSTUMES MILITAIRES.

563. (538) Armes du temps de Henri II.
564. (554). 1 Mousquetaire. 2. Garde du corps
de la prévôté. 3. Suisse. 4. Page du roi;
d'après un dessin de la collection Gaignières.

MONUMENTS DES RÈGNES DE HENRI IV
ET DE LOUIS XII; DE 1589 à 1643.

ICONOGRAPHIE.

565 (556) Médaille de Henri IV, gravée par
G. Dupré, 1606.
566. (557) Henri IV, d'après Porbus; tableau
du Musée royal.
567 (558) François de Médicis, grand-duc de
Toscane, d'après Rubens; tableau du Musée royal.
568. (559) Sully, d'après du Boys.
569. (560) Gabrielle d'Estrée, duchesse de
Beaufort, d'après un dessin de la collection
de Dumoustier à la bibliothèque Sainte-
Geneviève.
570. (561) Charles de Lorraine, duc de
Mayenne, mort en 1611. Voy. t. X, p. 686.
Il tient de la main droite un esponton. Voyez
t. VIII, p. 520.
571. (562) Procession de la ligue (3 juin 1590).
Voy. les ANNALES, t. I, p. 414.
572. (563) Henri IV confiant à la reine le gouvernement du royaume; d'après le tableau
de Rubens, au Musée royal.
573. (571) 1. Louis XIII. 2. Marie de Médicis;
médailles de G. Dupré.
574. (572) Louis XIII, d'après le tableau de
Philippe de Champaigne, aujourd'hui au
Musée royal. Voy. t. IV, p. 444.
575. (573) Le cardinal de Richelieu, d'après
le tableau de Philippe de Champaigne, aujourd'hui au Musée royal.
576. (574) Dernière cavalcade faite à la place
Royale, le 29 avril 1612. Voy. l'art. CAR-
ROUSELS, t. IV, p. 209.
577. (575) Chasse royale, d'après Mérian.

NUMISMATIQUE.

578. (583) Monnaies.
Nº 1. HENRICVS. IIII. D. G. FRAN. ET.
NAVARÆ. REX, entre grènetis; dans. le
champ, le buste lauré de Henri IV; au bas
la date 1607.
℞. — SIT. NOMEN. DOMINI. BENEDICTVM.
A.; dans le champ, une croix fleuronnée; au
centre, un H.
Teston de Henri IV, frappé à Paris. Voy.
t. IX, p. 374.
Nº 2. MAXI. D. BETHVN. P. S. DHERIC.
ET. BOIS. B. (Maximilien de Béthune,
prince souverain d'Henrichemont et Bois-
Belle), entre grènetis; dans le champ, le
buste de Sully tourné à droite.
℞. — HIC. PRO. REGE. ET PATRIA. VIXIT.
1637.

Médaille frappée à Henrichemont en
l'honneur de Sully. Voy. t. IX, p. 376.
Nº 3. LVDOVICVS. XIII. D. G. FR. ET.
NAV. REX; dans le champ, la tête du roi
laurée et tournée à droite; au-dessous, 1641.
℞. — CHRS. REGN. VINC. IMP.; dans le
champ, une croix formée par quatre L en-
trelacées et couronnées; au centre, un A.
Louis d'or de Louis XIII. Voyez t. X,
p. 380.
Nº 4. ✠ GASTON. VSV. D. LA. SOV. DOMB.
(Gaston, usufruitier de la souveraineté de
Dombes); buste du prince, tourné à droite.
℞. — ✠ DOVBLE. TOVRNOIS. 1647, entre
grènetis et filets; dans le champ, trois fleurs
de lis surmontées d'un lambel.
Tournois de cuivre, frappé à Trévoux par
Gaston d'Orléans. Voyez t. VI, p. 602.
Nº 5. AN. MA. LOV. PRINC. SOV. DE
DOM. (Anne-Marie-Louise, princesse sou-
veraine de Dombes); buste de mademoiselle
de Montpensier, tournée à droite.
℞. DNS. ADIVTOR. ET REDEM. MEVS. A.
(Dominus adjutor et Redemptor meus);
dans le champ, l'écu d'Orléans surmonté
d'une couronne fleurdelisée. L'A est une
contrefaçon du signe monétaire adopté par
l'hôtel des monnaies de Paris. Voyez t. VI,
p. 602.
Nº 6. LVD. XIIII. D. G. FR. ET. NAV. REX;
buste du roi tourné à droite.
℞. — DOMINE. ELEGISTI. LILIVM TIBI;
à l'exergue, 1656; dans le champ, l'écu de
France timbré d'une couronne fermée et
soutenue par deux anges nus, qui mettent
un genou en terre.
Lis d'or de Louis XIV. Voyez tom. X,
pag. 389.

MONUMENTS RELIGIEUX.

579. (564) Eglise Saint-Etienne du Mont, à
Paris. Voy. t. XI, p. 382.
580. (565) Jubé de cette église.
581. (566) Cathédrale d'Orléans.
582. (567) Portail latéral de la cathédrale
d'Orléans.
La cathédrale d'Orléans, fondée par
l'évêque saint Euverte, brûlée ainsi que
la ville, en 865; reconstruite par la libé-
ralité des rois; détruite, par un nouvel incendie, en 999, et rebâtie par l'évêque
Arnoult, fut encore, en 1567, presque entièrement détruite par les calvinistes; il n'en
resta que quelques chapelles et six piliers
de la nef. Henri IV assigna, en 1544, des
fonds pour la relever, et la reconstruction
de ce magnifique édifice, continuée, in-
terrompue, reprise encore, est à peine terminée. Gabriel fut l'architecte du portail.
583. (576) Portail de l'église Saint-Gervais,
à Paris.
Cette église, l'une des plus anciennes de
Paris, fut rebâtie en 1212; réédifiée de
nouveau en 1420; considérablement aug-

mentéé en 1581, et décorée par Jacques Desbrosses, sous le règne de Louis XIII., du portail que représente la gravure. Le roi en posa la première pierre, le 24 juillet 1616.

584. (591) Cathédrale d'Auch, par Germain Drouet; d'après le comte de Laborde.

Commencéé en 1489, par l'archevêque François Ier, cardinal de Savoie, cette église ne fut terminée que sous le règne de Louis XIV, par l'archevêque Henri de la Mothe-Houdancourt. Germain Drouet fut l'architecte du portail.

La longueur de l'église, depuis la porte d'entrée jusqu'au fond de la chapelle du St-Sacrement, qui forme le rond-point de l'hémicycle, est de 104 m. 89 c.; sa largeur d'une porte latérale à l'autre est de 23 m. 38 c. La largeur de la grande nef est de 27 m. 28 c., celle de chaque nef collatérale de 6 m. 49 c., et celle des chapelles de 5 m. 19 c. La hauteur de la grande nef est de 26 m. 64 c.; celle des nefs collatérales et des chapelles, de 14 m. 61 c.

MONUMENTS PUBLICS.

585. (568) La Samaritaine. Voy. t. XI, p. 356, col. 1.

586. (578) Façade du palais de justice, à Paris, construite, en 1618, par Jacques Desbrosses.

587. (579) Salle des Pas-Perdus au palais de justice de Paris. Voy. t. XI, p. 377.

588. (580) Le pont Saint-Michel, à Paris.

Quatre ponts, dont le premier avait été achevé en 1378, avaient déjà été successivement construits à la même place, lorsqu'une compagnie entreprit, en 1616, d'élever celui que représente la gravure, à la condition d'y bâtir des maisons au nombre de trente-deux. Ces maisons ont été abattues en 1804.

MONUMENTS PRIVÉS.

Habitations, châteaux.

589. (567 A) Porte des Hermès au palais de Fontainebleau.

590. (577) Palais du Luxembourg, construit par Jacques Desbrosses. Voy. t. XI, p. 376.

Produits des arts et de l'industrie.

591. (582) Meubles.

ARMES ET COSTUMES MILITAIRES.

592. (570) Armes.

593. (569) Costumes militaires de 1594, tirés de la *Réduction miraculeuse de Paris.*

594. (581) Costumes militaires du règne de Louis XIII, d'après Callot. Voy. t. V, p. 18.

MONUMENTS DU RÈGNE DE LOUIS XIV, DE 1643 A 1715.

ICONOGRAPHIE.

595. (584) Médaille de Louis XIV.

596. (585) Louis XIV, d'après le tableau de Vander-Meulen, aujourd'hui au Musée royal.

597. (586) Mazarin, d'après une gravure de Nanteuil. Voy. t. XI, p. 103.

598. (587) Turenne, d'après Philippe de Champaigne.

599. (588) Le grand Condé, d'après une gravure de Poilly.

600. (589) Colbert, médaille de P. Bernard.

601. (590) Le passage du Rhin, bas-relief en bronze du monument de la place des Victoires, par Desjardins. Voy. t. VI, p. 501, et t. XI, p. 390.

MONUMENTS RELIGIEUX.

602. (593) Eglise du Val de Grâce, construite sur les dessins de Mansart.

MONUMENTS PUBLICS.

603. (597) Cour d'honneur de l'Hôtel des Invalides, à Paris, construite en 1675, par Libéral Bruant et J. Hardouin Mansard. Voy. t. IX, p. 622 et suiv.; t. XI, p. 388; t. III, p. 422, et t. X, p. 541.

604. (598) La porte Saint-Denis, construite, en 1672, sur les dessins de François Blondel. Voyez t. XI, p. 392, et t. IV, p. 47.

PALAIS.

605. (596) Colonnade du Louvre. Voy. PARIS, t. XI, p. 371 et suiv.

MONUMENTS PRIVÉS.

Châteaux.

606. (594) Ancien château de Chantilly. Voy. t. IV, p. 491.

607. (595) Cour de marbre du palais de Versailles, construite par J. Hardouin Mansard; voyez t. X, p. 541.

608. (600) Appartement de madame de Maintenon, à Fontainebleau.

MONUMENTS MILITAIRES.

609. (599) Armes.

MONUMENTS DU RÈGNE DE LOUIS XV, DE 1715 À 1774.

ICONOGRAPHIE.

610. (601) Médaille de Louis XV; le revers représente le sacre de ce prince.

MONUMENTS RELIGIEUX.

611. (602) Portail de l'église Saint-Sulpice, à Paris, construit en 1733, par Servandoni. Voyez t. XI, p. 383.

612. (603) Portail de l'église Sainte-Gene-

vièvę, actuellement le Panthéon, construit par Soufflot. Voy. t. XI, p. 385.

MONUMENTS PUBLICS.

6i3. (604) Façade de l'hôpital général de Lyon, par le même.

614. (605) Le Garde-Meuble de la couronne et la place Louis XV (aujourd'hui place de la Concorde), à Paris, par Gabriel. Voyez t. XI, p. 390, et l'art. GABRIEL, t. VIII, p. 558.

6i5. (6o6) Pont, à Neuville-sur-Ain (Ain), construit par Perronet, voy. t. X, p. 5io; d'après un dessin de M. Ernest Breton.

MONUMENTS DU RÈGNE DE LOUIS XVI, DE 1774 A 1789.

ICONOGRAPHIE.

616. (607) N° 1. Louis XVI, médaille par Duvivier. N° 2. Médaille du même, frappée à l'occasion de l'invention des aérostats.

MONUMENTS PUBLICS.

617. (608) L'Ecole de Médecine de Paris, construite, de 1769 à 1786, sur les dessins de Gondouin.

618. (609) Théâtre français (actuellement théâtre de l'Odéon), construit par Charles de Wailly et Peyre aîné. Voy. les biographies de ces architectes, t. XI, p. 520, et t. XII, p. 982.

MONUMENTS DE LA RÉVOLUTION FRANÇAISE DE 1789.

619. (610) N° 1. Médaille du siége de la Bastille, par Andrieux. N° 2. Médaille de l'assemblée électorale, 17 juillet 1789, par Duvivier. Voy. les articles BASTILLE, t. II, p. 190; ELECTEURS, t. VII, p. 158.

620. (611) Médaille de l'assemblée nationale, 4 août 1789, par Gatteaux et Duvivier. Voy. l'article AOUT (nuit du 4), t. I, p. 531.

ERRATA POUR LES TITRES DES GRAVURES.

Pl. 25 (25). Au lieu de Divinités solaires, lisez : *Divinité solaire, Diane triple (Matres augustæ), Mercure (figurines de bronze)*.

Pl. 99 (53). Au lieu de Restes du palais de Constantin à Arles, lisez : *Colonnes antiques à Arles*.

Pl. 136 (71) et 137 (70). Retranchez au titre supérieur (*Monuments romains*).

Pl. 139 (137). Remplacez le titre par *Sarcophage antique servant de fontaine, à Aix*.

Pl. 140 (138). Supprimez *de la famille Sertia*.

Pl. 221 (611-228 A), lisez : 612.

Pl. 274 (204). Au lieu de xi° s. lisez : (xii° s.)

Pl. 346 (321 A-327), lisez : (347-321 A).

Pl. 398 (232) et 399 (333). Au lieu de xiii° s., lisez : xive s., et au lieu de saint Louis, lisez : *roi*.

Pl. 532 (522). Au lieu de 522, lisez : 524.

Pl. 439 (309). Effacez xiii° s.

Pl. 568. Au lieu de xvii° s., lisez : xvi° s.

RECTIFICATION.

C'est par erreur que, dans les articles du Dictionnaire NIELLES (t. XI, p. 165) et ORFÉVRERIE (même tome, p. 264), l'introducteur des nielles en France a été représenté comme un simple ouvrier prussien, venu à Paris, sans ressources et sans relations. *Charles-Louis* WAGNER était né à Berlin, en 1799, d'une famille française émigrée à la révocation de l'édit de Nantes. Son père, joaillier de la cour, lui fit donner, ainsi qu'à ses deux frères, une éducation distinguée. L'aîné de ceux-ci occupe maintenant un poste élevé dans l'administration des forêts en Poméranie; le plus jeune est consul général de Prusse à Alexandrie.

Quant à Charles, après avoir achevé ses études, il se mit à parcourir les principales villes de l'Europe, étudiant et dessinant les chefs-d'œuvre des arts; pénétrant dans les ateliers métallurgiques, et surprenant un à un les différents secrets de la fabrication. Ce fut en 1829 qu'il arriva à Paris, riche de toutes les connaissances que peuvent donner à un jeune homme avide d'apprendre dix années d'études et de voyages. Il avait vu faire des nielles en Russie; il se mit en relation avec le chef d'un grand atelier d'orfévrerie, M. Mention, et celui-ci, frappé des avantages que pouvait offrir ce nouveau procédé d'ornementation, forma avec le jeune artiste une association que des liens plus intimes ne tardèrent pas à resserrer encore : Ch. Wagner devint le beau-frère de son associé.

Nous n'avons rien à ajouter ici à ce qui a été dit à l'article ORFÉVRERIE, des progrès que Wagner a fait faire à cet art; nous nous contenterons de mentionner ses principaux ouvrages, sur lesquels on n'a pas assez insisté dans cet article; ce sont : 1° Quatre grandes plaques niellées et damasquinées en or, représentant des épisodes de la vie de Jeanne d'Arc, pour la statue en pied de cette héroïne, par la princesse Marie d'Orléans.— 2° Tous les nielles du grand surtout de table du duc d'Orléans. —3° La couverture du livre d'heures du même prince, magnifique ouvrage d'orfévrerie, orné de nielles et d'émaux, et qui a coûté près de cent mille francs. — 4° Un grand ostensoir pour la paroisse de St-Leu, à Lyon. — 5° Un grand vase byzantin représentant plusieurs traits de la vie de Robert de Clermont, acheté par le roi de Prusse. — 6° Une magnifique aiguière en argent repoussé, commandée par M. le duc de Luynes.

Wagner mourut en 1841, au château de la Saussaye, près Arpajon; il était depuis 1839 chevalier de la Légion d'honneur.

Ajoutons, en terminant, que l'impulsion qu'il avait donnée à la fabrication des nielles ne s'est pas arrêtée après sa mort; ses élèves ont continué à employer ce genre de gravure, et l'un d'eux surtout, M. PELLERIN, lui a fait faire de nouveaux et importants progrès.

FIN DE LA TROISIÈME PARTIE.

CONCORDANCE

DE LA SÉRIE DES NUMÉROS

QUI ONT ÉTÉ GRAVÉS SUR LES PLANCHES

AVEC CELLE QUI A ÉTÉ ADOPTÉE

POUR LE CLASSEMENT DÉFINITIF.

Nº des Planches.	Nº du Classement.	Nº des Planches.	Nº du Classement.	Nº des Planches.	Nº du Classement.
1	1	42	36	83	74
2	2	43	43	84	65
3	3	44	44	85	75
4	4	45	106	86	76
5	5	46	102	87	79
6	6	47	112	88	77
7	7	48	113	89	78
8	8	49	50	90	85
9	9	50	48	91	83
10	10	51	46	92	80
11	11	52	47	93	81
12	12	53	54	94	86
13	13	54	55	95	84
14	14	55	56	96	82
15	15	56	57	97	87
16	16	57	58	98	88
17	17	58	59	99	115
18	18	59	99	100	116
19	19	60	121	101	117
20	21	61	122	102	118
21	22	62	123	103	119
22	20	63	124	104	89
23	23	64	125	105	90
24	24	65	126	106	91
25	25	66	127	107	92
26	26	67	128	108	93
27	27	68	129	109	98
28	28	69	130	110	95
29	29	70	136	111	96
30	30	71	137	112	97
31	31	72	131	113	100
32	32	73	134	114	101
33	37	74	135	115	60
34	38	75	64	116	61
35	39	76	67	117	107
36	40	77	68	118	52
37	41	78	69	119	51
38	42	79	70	120	53
39	33	80	71	121	108
40	34	81	72	122 (52 B)	49
41	35	82	73	123	114

Nº des Planches.	Nº du Classement.	Nº des Planches.	Nº du Classement.	Nº des Planches.	Nº du Classement.
124 (52 A)	45	187	179	250	251
125	109	188	180	251	267
126	62	189	181	252	252
127	63	190	182	253	253
128	110	191	183	254	261
129	111	192	184	255	262
130	103	193	185	256	257
131	104	194	186	257	258
132	120	195	201	258	259
133	105	196	198	259	265
134 (74 A)	132	197	190	260	266
135 (74 B)	133	198 (166 A)	172	261	263
136 (75 A)	66	199	205	262	284
137	139	200	204	263	275
138	140	201	230	264	276
139	141	202	231	265	281
140	142	203	232	266	282
141	143	204	274	267	271
142	144	205	233	268	272
143	145	206	224	269	269
144	146	207	206	270	283
145	148	208	212	271	273
146	149	209	213	272 (258 C)	264
147	150	210	214	273	268
148	151	211	215	274 (264 A)	277
149 (144 A)	147	212	216	275 (264 B)	278
150	152	213	217	276 (264 C)	279
151	153	214	218	277 (258 A)	260
152	154	215	219	278	270
153	155	216	220	279	285
154	156	217	221	280	286
155	157	218	222	281	287
156	158	219	223	282	396
157	159	220	226	283	397
158	165	221	227	284	288
159	162	222	228	285	289
160	163	223	225	286	290
161	161	224	207	287	291
162	164	225	208	288	292
163	160	226	209	289	293
164	166	227	210	290	294
165	167	228	229	291	295
166	168	229	234	292	296
167	172	230	235	293	297
168	194	231	236	294	298
169	195	232 (195 A)	187	295	299
170	196	233	250	296	300
171	169	234	237	297	301
172	171	235	238	298	302
173	170	236	239	299	303
174	197	237	240	300	305
175	188	238	241	301	306
176	189	239	242	302	308
177	191	240	243	303	309
178	192	241	244	304	310
179	193	242	345	305	311
180	199	243	246	306	312
181	200	244	247	307	313
182	174	245	248	308	314
183	175	246	249	309	439
184	176	247	254	310 (325 A)	336
185	177	248	255	311	318
186	178	249	256	312	320

Nº des Planches.	Nº du Classement.	Nº des Planches.	Nº du Classement.	Nº des Planches.	Nº du Classement.
313	319	373	404	436	436
314	329	374	401	437	440
315	321	375	402	438	465
316	322	376	403	439	447
317	323	377	368	440	461
318	330	378	369	441	462
319	. 343	379	371	442	448
320	344	380	372	443	449
321	345	381	273	444	450
322	347	382	374	445	451
323	334	383	375	446	442
324	339	384	376	447	443
325	335	385	377	448	452
326 (317 B)	325	386	378	449	453
327	337	387	379	450	454
328	338	388	380	451	455
329 (317 A)	324	389	441	452	463
330	348	390	381	453	444
331	331	391	383	454	445
332	341	392	384	455	433
333	332	393	389	456	464
334	333	394	390	457	460
335 (301 A)	307	395	406	458	437
336	342	396	407	459	438
337	340	397	408	460	466
338 (326 A)	304	398	409	461	467
339 (317 C)	326	399	410	462	468
340 (317 D)	327	400	411	462 (455 A)	459
341 (309 A)	315	401	412	463	469
342 (309 B)	316	402	313	464	470
343 (309 C)	317	403	387	465	493
344 manque ¹.		404	414	466	494
345 (317 E)	328	405	415	467	495
346 (264 D)	280	406	391	468	471
347 (321 A)	346	407	393	469	472
348	349	408 (390 A)	382	470	573
349	350	409	388	471	474
350	351	410	416	472	475
351	352	411	367	473	476
352	353	412	386	574	477
353	354	413	385	475	478
354	355	414	405	476	479
355 (378 A)	370	415	418	477	480
356	356	416	417	478	482
357	357	417	394	479	483
358	358	418	420	480	484
359	359	419	421	481	490
360	360	420	422	482	485
361	. 261	421	423	483	486
362	362	422	424	484	487
363	363	423	425	485	496
364	364	424	426	486	497
365	365	425	427	487	488
366	366	426	428	488	492
367 (407 A)	392	427	429	489	491
368	398	428	430	490	498
369	399	429	431	491	499
370	400	430	432	492	500
371	395	431	456	493	501
372	419	432	457	494	502
		433	458	495	503
		434	434	496	504
		435	435	497	505

¹ Le nº 462 bis, 455 A, qui forme le nº 459 du classement, compense cette lacune.

Nᵒ des Planches.	Nᵒ du Classement.	Nᵒ des Planches.	Nᵒ du Classement.	Nᵒ des Planches.	Nᵒ du Classement.
498	506	539	561	580	588
499	507	540	538	581	594
500	508	541	539	582	591
501	509	542	540	583	578
502	510	543	541	584	595
503	529	544	542	585	596
504	530	545	553	586	597
505	511	546	562	587	598
506	512	547 (59 A)	94	588	599
507	513	548	543	589	600
508	517	549	544	590	601
509	518	550	545	591	584
510	524	551	546	592	548
511	519	552	558	593	602
512	520	553	559	594	606
513	521	554	564	595	607
514	515	555	547	596	605
515	523	556	565	597	603
516	525	557	566	598	604
517	516	558	567	599	609
518	527	559	568	600	608
519	528	560	569	601	610
520	526	561	570	602	611
521	531	562	571	603	612
522 (487 A)	489	563	572	604	613
523 (477 A)	481	564	579	605	614
524	532	565	580	606	615
525	533	566	581	607	616
526	534	567	582	608	617
527	535	568	585	609	618
528	536	569	593	610	619
529	537	570	592	611	620
530	550	571	573	612 (228 A)	211
531	554	572	574	613 (136 A)	138
532	555	573	575	614 (195 A)	202
533	556	574	576	615 (452 A)	446
534	557	575	577	616 (507 A)	514
535	551	576	583	617 (195 B)	203
536	552	577	590	618 (513 A)	522
537	560	578	586	619 (530 A)	549
538	563	579	587	620 (567 A)	589

TABLE
ALPHABÉTIQUE DES PLANCHES.

Charles VII

Charles VII

Entrée du Roi Charles VII. à Paris.

Estienne de Vignolles dit le brave La Hire, et Jean dit Potron de
Saintrailles, vont fourrager dans le Pays du Duc de Bourgogne.

Vernier, del.   Lemaire, sculp.

Guyot d'Augerans présente à Charles de Bourgogne, Comte de Nevers et de Retel, le livre de Gérard de Nevers et de la belle Euriant.

rce.

Vernier del.

Lemaire direxit

Louis XI.

LOIS XI

Vernier del.

Lemaitre direxit

Louis XI. (d'après Dutillet.)

France.

Philippe III. le Bon, Duc de Bourgogne.

Vernier del.   Lemaître direxit

Sceau de Charles le Téméraire, Duc de Bourgogne.

Guillaume Junenet des Urfins. Chancelier de France.

Charles VIII

(d'après Léonard de Vinci)

Vernier, del.

Lemaître, direxit.

Charles d'Orléans, Comte d'Angoulême, père de François 1ᵉʳ

Le Roi René dans son Cabinet.

Monnaies du XVᵉ Siècle.

Cathédrale de Toul.

Façade de la Cathédrale d'Auxerre.

Porche de Sᵗᵉ Germain d'Auxerrois, à Paris.

Cathédrale de Sens.

Cathédrale de Metz.

Cathédrale de Rouen.

Beuchard del.

Lemaire direxi.

La Tour St Jacques de la Boucherie, à Paris.

Guillaumot del.   Lemaitre dirext

Chaire dans la Cathédrale de Strasbourg.

Hôtel de Ville de Douai.

Hôtel de Ville de Saint-Quentin.

Tour de l'Horloge à Evreux.

Le Pilori des Halles, à Paris, Démoli en 1789.

Pont à Ogives à Montauban.

Gaucherel del.   Lemaitre direxit

Château de Josselin (Bretagne)

Cour du Château de Nantes.

Château Dunois à Châteaudun.

Escalier au Château Dunois.

Château de Comines.

Hôtel de Clugny, Paris.

Tourelle de l'Hôtel de la Tremouille. Paris.

Manoir duc XV.ͤ S.ͤ à Nantes.

Cheminée à Crépy.

Le Duc de Bretagne remet l'épée au Roi d'Armes pour l'envoyer porter au Duc de Bourbon.

Tournois du Roi René. Le Roi d'Armes porte l'Épée au Duc de Bourbon.

Tournois du Roi René. Le Duc de Bretagne et le Duc de Bourbon au tournoi.

Costume du XVᵉ Siècle.

(Heures d'Anne de Bretagne, M. S.)

Meubles du XVᵉ S.

Château du Roi René à Tarascon.

Château de Joux.

Pont de Valendre à Cahors.

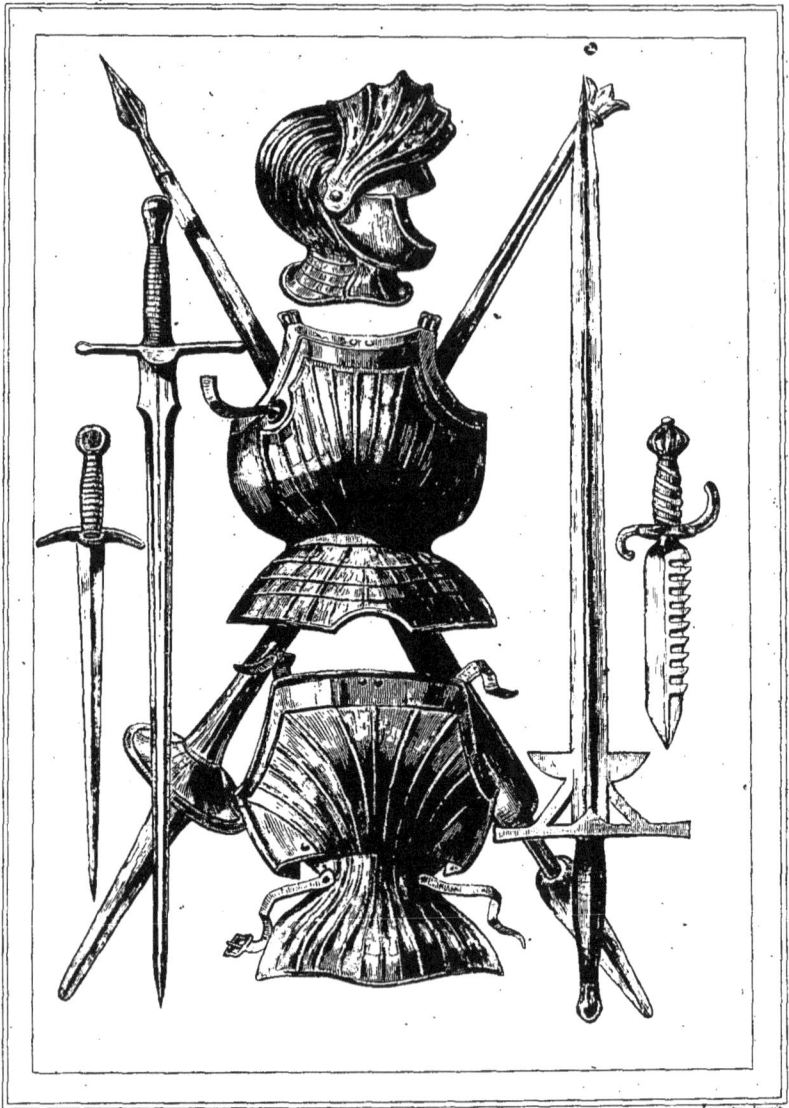

Armes et Armures du 15ᵉ Siècle.

Tombeau dans l'Eglise de Villeneuve-les Avignon.

✠ FELICE LVDOVICO REGNANTE DVODECIMO CESAR ALTER O GAVDE O OMNI SINO MAIO

VICTOR · TRIVNPHATOR · SEMPER · AVGVSTVS

Vernier, del.

Lemaitre, direxit.

Louis XII.

Vernier del.   Lemaître dirext

Louis XII.

Anne de Bretagne.

(Miniature du livre d'Heures de cette Reine.)

1. Georges d'Amboise; 2. Louis II Marquis de Saluces; 3. Léonard de Vinci.

Vernier del.   Lemaître direxit

Charles d'Amboise II

Maréchal et Amiral de France, Gouverneur de Paris.

Cathédrale de Tours.

Porche de l'Eglise Ste Cecile d'Albi.

Jubé de l'Eglise St Cécile d'Albi.

Guillaumot, del.

Lemaître direxit.

Tour de la Cathédrale de Rodez.

Guillaumot. del.

Lemaitre, direxit.

Jubé de la Cathédrale de Rodez.

Siège de l'Évêque dans l'Église Notre Dame à Rodez.

Notre Dame de Senlis

(Façade principale)

Notre Dame de Senlis, portail du midi.

Caucherel del.   Lemaitre direxit.

Eglise St Pierre, à Senlis.

Gauchard del.

Lemaitre direxit

Eglise Colligiale de St Riquier.

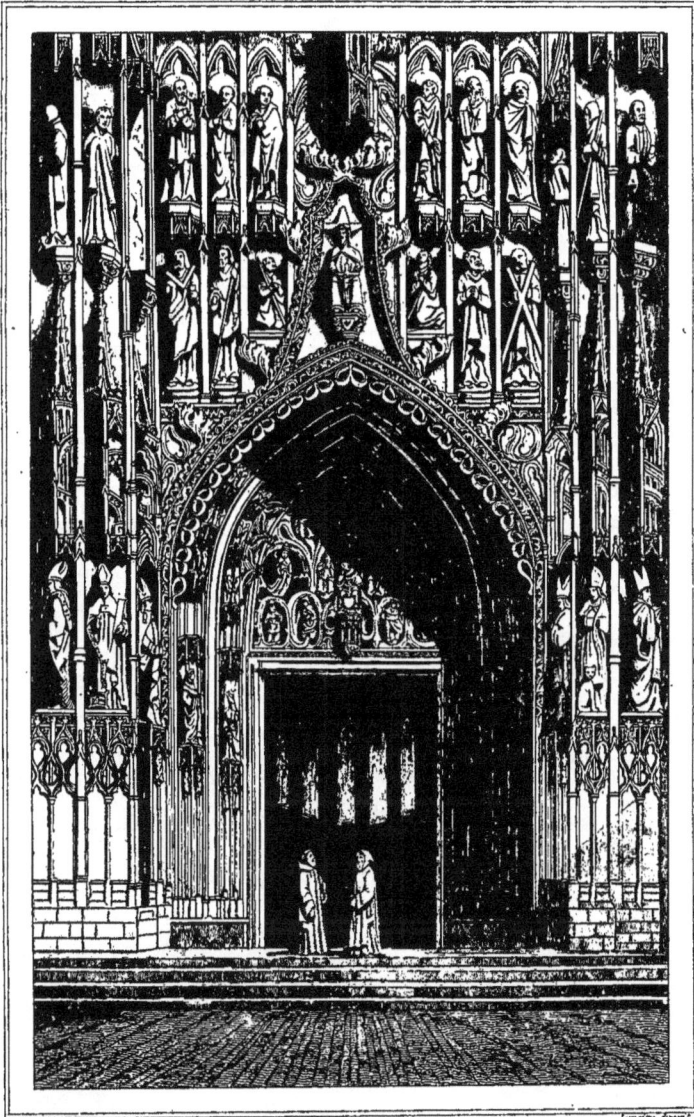

Portail de l'Eglise Collégiale de St Riquier.

Autel de l'Église du Folli-Goat (Finistère)

Porte du Cimetière de l'Eglise de la Martyre, près Landernau.

Calvaire de pierre près Landernau.

Détail de la Façade du Palais de Justice, à Rouen.

Grande Salle du Palais de Justice à Rouen.

Vauchèret del.   *Lemaître Dirext*

Hôtel de Ville de Compiègne.

Fontaine à Clermont.

Maisons et Fontaine du temps de Louis XII à Mantes.

Grande Cour du Palais du Cardinal d'Amboise, à Gaillon.

Meubles et Ustensiles du Temps de Louis XII.

Vernier del.

Lemaître direxit

Armes du Temps de Louis XII.

Pierre de Rohan, Seigneur de Gié, Mareschal de France,
1. Homme d'Armes. 2. Guidon. 3. Enseigne.

Pierre de Rohan, Seigneur de Gié, Mareschal de France?.
4. Général. 5. Mareschal de France.
(D'après 5 pièces de Tapisserie.)

Tournoi sous Louis XII.

Vernier del.

Lacoste direxit

Tombeau du Cardinal d'Amboise, à Rouen.

Tombeau de François II, Duc de Bretagne, à Nantes.

Tombeau de Louis XII

François 1ᵉʳ (Médaille)

Vernier del.

Lemaître direxit.

François 1er

(d'après le Titien)

124 France.

Marche de François 1er en entrant à Paris par le Faubourg St Denis.
(d'après une ancienne Gravure sur Bois)

Bataille de Marignan. (Bas-relief de Pierre Bontemps au Tombeau de François 1er.)

Entrevue de François I.er et de Henri VIII d'Angleterre, au Camp du Drap d'Or.

(Bas-relief de l'Hôtel du Bourgtheroulde à Rouen.)

Entrevue de François 1er et de Henri VIII d'Angleterre, au Camp du Drap d'Or.

(Bas-relief de l'Hôtel du Bourgtheroude à Rouen. 2.)

Bas-relief de l'Hotel du Bourgtheroulde, à Rouen, (3)

(Entrevue de François Ier et Henri VIII au Camp du Drap d'Or)

Bas-relief de l'Hôtel du Bourgtheroude, à Rouen. (4)

(Entrevue de François 1.er et Henri VIII au Camp du Drap d'Or.)

Bas-relief de l'Hôtel du Bourgtheroudd

Entrevue de François 1ᵉʳ et Henri VIII au Camp du Drap d'Or.

Bayard. 1524.

Rabelais..

Façade de l'Église de Brou.

Boucherel del.   Lemaitre direxit.

Portail de St Merry (à Paris)

Portail latéral de S.ᵗ Eustache (à Paris)

Jubé de l'Eglise de la Magdeleine (à Troyes)

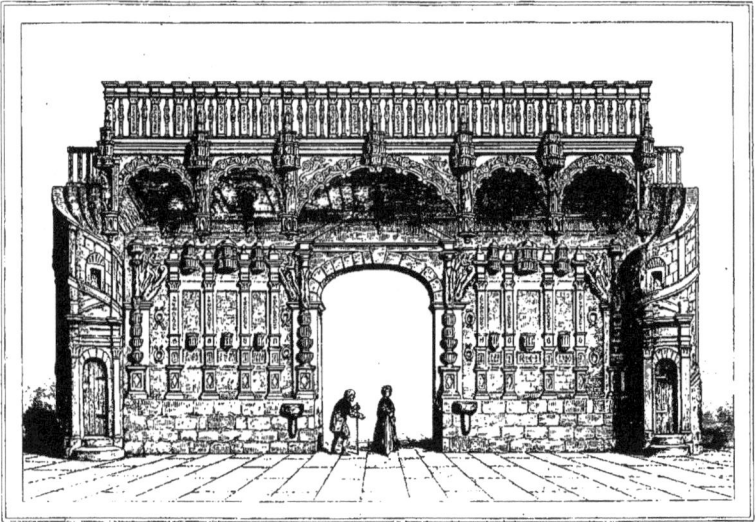

Jubé de la Cathédrale de Limoges.

Hôtel de Ville d'Arras.

Tour de l'horloge et maisons du XVI.° Siècle à Rouen.

Bauchard del.   Lemaitre direxit

Pavillon de la Cour du Louvre, par Pierre Lescot.

Château de Chambord, côté du Parc.

Gibert del.

Lemaitre diverit.

Hotel du Bourgtheroude, à Rouen.

Château de Vigny

Château d'Écouen.

Façade du Château d'Azai-le-rideau?

Château de Joinville. 1546.

Manoir d'Ango, à Varengeville.

Maison à Luxeuil.

Meubles et Ustensiles du temps de François 1.er

Porte à Vezelay.

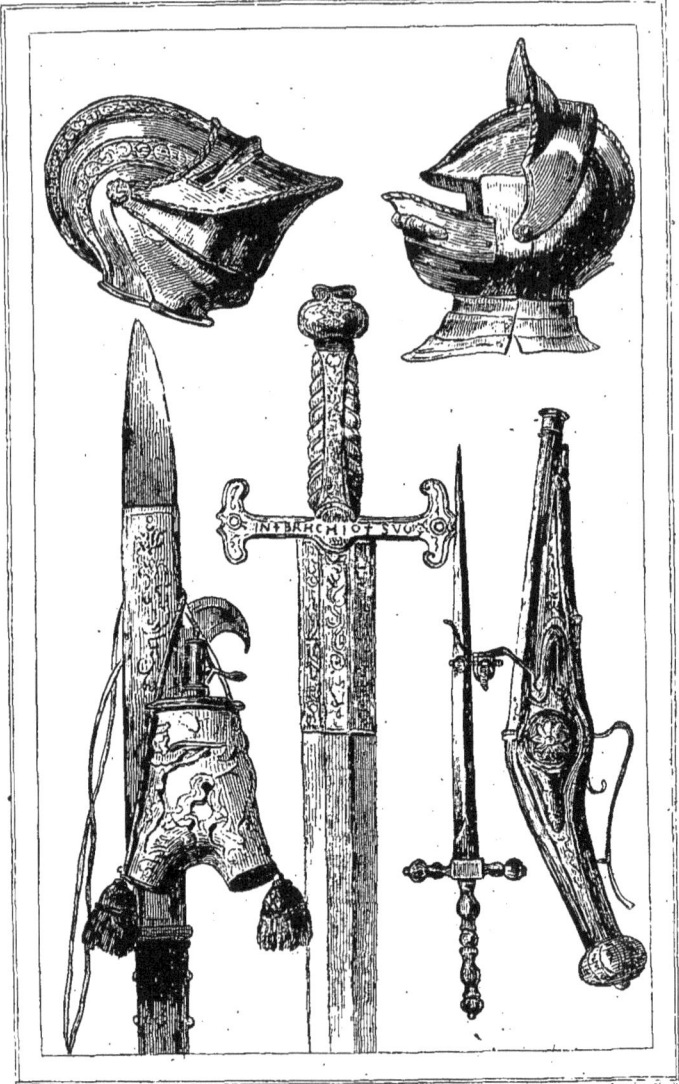

Armes du temps de François 1er.

Tombeau de Philibert le Beau, dans le Chœur de l'Eglise de Broul.

Tombeau de Marguerite de Bourbon
dans l'Église de Brou.

Tombeau de François 1:er à St Denis.

Henri II. (Médaille)

Henri. II.

Catherine de Médicis. (Médaille.)

Diane de Poitiers. (par Jean Goujon)

Philippe de Chabot, Amiral. (par Jean Cousin)

Henri II blessé à mort par Montgomery.

François II.

Charles IX. (Médaille)

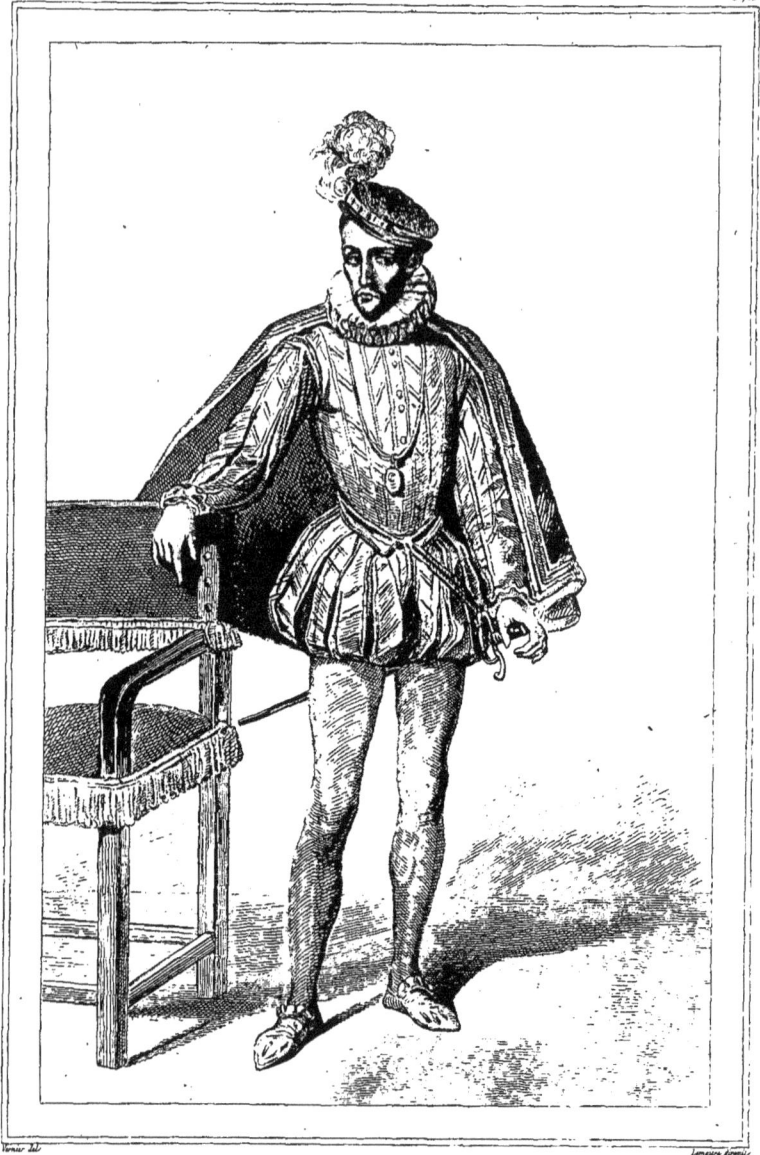

Charles IX.

Buste de l'Amiral Coligny (Cheminée du Château de Villeroi.)

Vernier del.   Lemaire dirext.

François duc de Guise (d'après Clouet)

Henri III.

Vernier del.   Pintard Sc.

Anne duc de Joyeuse.

Henri de Lorraine duc de Guise, le Balafré.

Monnaies du XVIe Siècle.

Eglise St Michel à Dijon.

Façade de l'Église St Pierre, à Auxerre.

Portail de l'Église de Villeneuve-le-Roi.

Hôtel de Ville de Paris.

Fontaine des Innocents.

Château des Tuileries (de Philibert Delorme)

Entrée principale du Château d'Anet.

Chapelle du Château d'Anet.

Portail du Château d'Anet,

Actuellement à l'Ecole des Beaux Arts, à Paris.

Château de Chenonceaux.

Château de Blois.

Cour intérieure du Château de Blois.

Maisons en bois à Amiens. (1555.)

Vases émaillés de Bernard Palissy.

Courtisans.

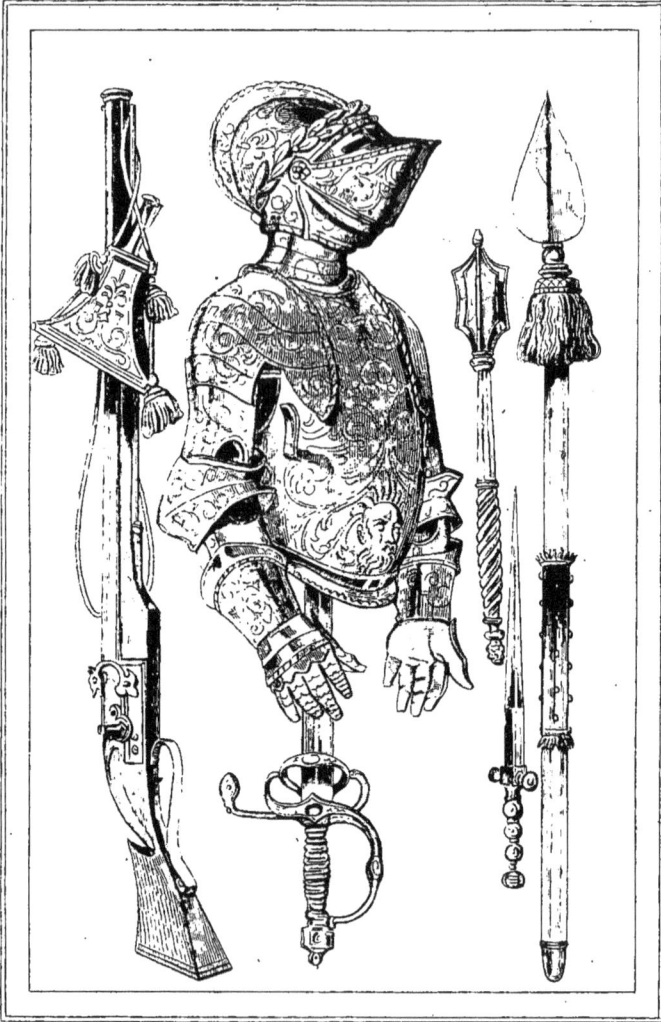

Armes du temps de Henri II.

1. Mousquetaire. 2. Garde du Corps de la Prévôté. 3. Suisse. 4. Page du Roi.

Henri IV. (Médaille)

Henri IV (d'après Porbus)

Vernier del.   Lemaitre direxit.

François de Médicis Grand Duc de Toscane.

(d'après Rubens)

Sully (mort. en 1641)

(d'après Du Boys)

Gabrielle d'Estrée, Duchesse de Beaufort.

(d'après Dumoustier)

Charles de Lorraine, duc de Mayenne (Mort en 1611)

Procession de la Ligue. (3 Juin 1590)

Henri IV confie à la Reine le gouvernement du Royaume.

(d'après Rubens)

1. Louis XIII. 2. Marie de Médicis.
(Médailles de Dupré.)

Louis XIII. (d'après Philippe de Champaigne.)

Le Cardinal de Richelieu (d'après Philippe de Champaigne)

Dernière Cavalcade faite ens lat Places Royale les 29 Avrill 1612.

Chasse Royale (d'après Mérian)

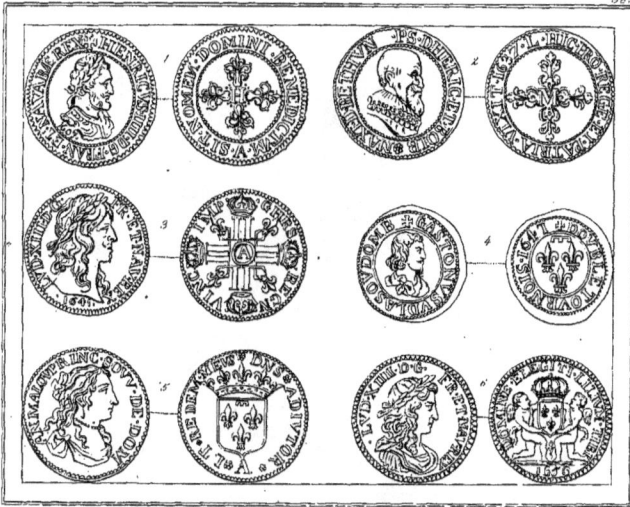

Monnaies.

Eglise Saint Etienne du Mont à Paris.

Jubé de Saint Étienne du Mont.

Cathédrale d'Orléans.

Portail latéral de la Cathédrale d'Orléans.

Portail de St Gervais, à Paris.

Cathédrale d'Auch. (par Germain Drouet.)

La Samaritaine, à Paris. (Démolie en 1813.)

Le Palais de Justice, à Paris. (par Jacques Desbrosses)

Salle des pas perdus au palais de Justice de Paris.

Le pont St Michel à Paris.

Lemaître direxit

La Porte des Hermites au Palais de Fontainebleau.

Palais de la Chambre des Pairs, ancien Palais d'Orléans, à Paris.

Meubles.

Armes.

Costumes militaires de 1594 (tirés de la réduction miraculeuse de Paris)

Costumes militaires sous Louis XIII. (d'après Callot)

LVDOVICVS·MAGNVS REX·CHRISTIANISS

NEC PLURIBUS IMPAR·
M·DC·LXVII·

Lemaistre direxit

Louis XIV.

Louis XIV. (d'après Vandermeulen.)

Lenestre direxit

Mazarin.

Turenne.

Lemaire direxit

Condé (Le Grand.)

JOAN·BAPT·COLBERT·REGNI·ADMINISTER·REGI·AB·INTIMIS·CONSILIIS ET MANDATIS

P. BERNARD.F.

lemaître direxit

Colbert

(Médaille de P. Bernard.)

Le passage du Rhin par Louis XIV (Bronze par Desjardins.)

Eglise du Val de Grâce, à Paris.

La Cour d'Honneur de l'Hôtel des Invalides, à Paris.

La Porte St Denis.

Colonnade du Louvre, (C. Perrault 1665 à 1670.)

Château de Chantilly.

Palais de Versailles, la Cour de Marbre.

Appartement de Madame de Maintenon, à Fontainebleau.

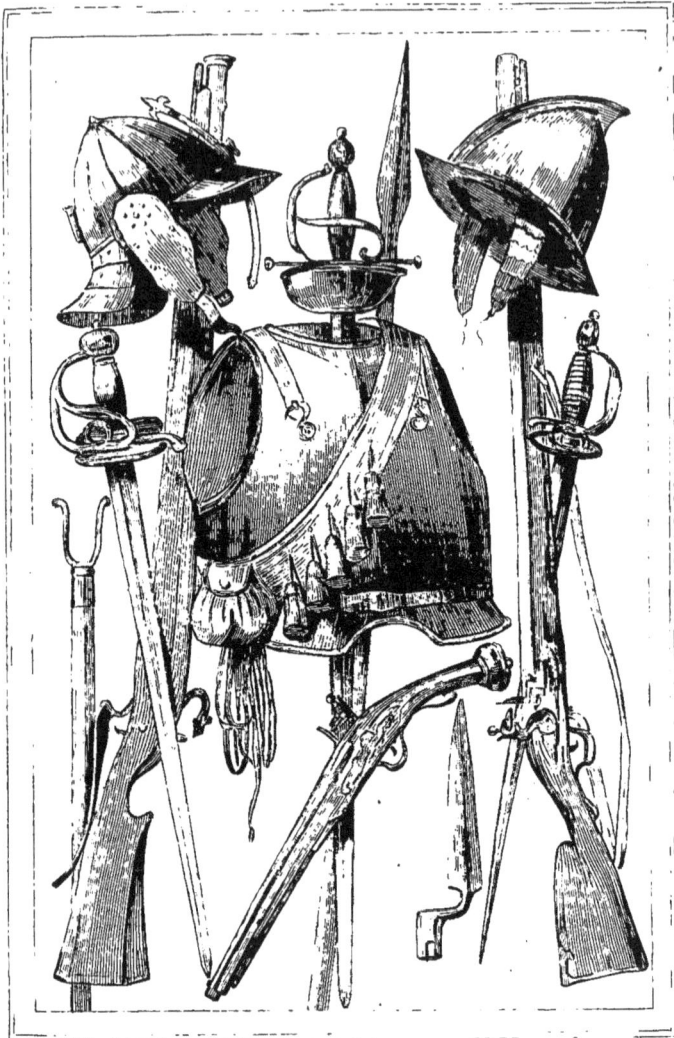

Armes.

Portail de St Sulpice à Paris (Servandoni)

Portail de St Geneviève, actuellement Panthéon à Paris.

(Soufflot)

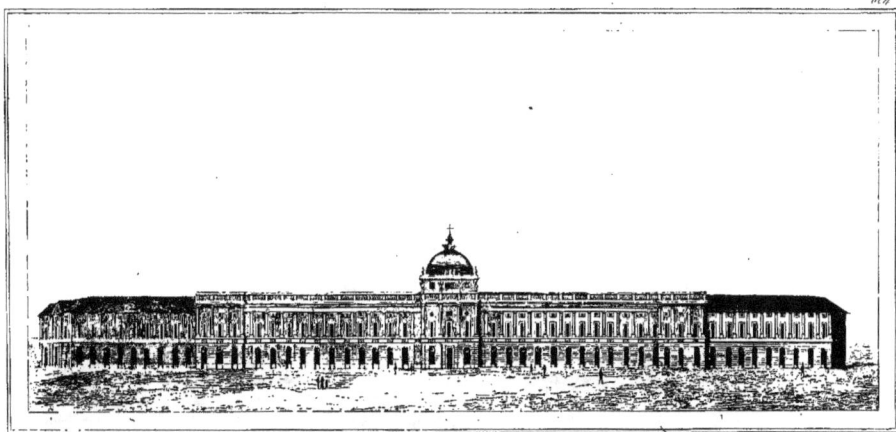

Hôpitaux des Lyon. (par Soufflot)

Le Garde meubles de la Couronne, et Place Louis XV, à Paris.

Pont sur l'Ain, à Neuville.

1. Louis XVI Roi de France et de Navarre. (Médaille par Duvivier.)

2. Deux Aérostats. (Médaille.)

L'École de Chirurgie et de Médecine, à Paris.

SIÈGE DE LA BASTILLE

PRISE PAR LES CITOYENS DE
LA VILLE DE PARIS
LE 14 JUILLET 1789

LOUIS XVI ROI DES FRANÇAIS PERE D'UN PEUPLE LIBRE

ASSEMBL. DES ELECT. DE PARIS
LE ROI Y SEANT
LE 17 JUILLET
1789

LIBERTÉ ASSURÉE

JUILLET
MDCC
LXXXIX

PRESIDENTS
DES ELECTEURS
J. DE LAVIGNE
ET M LE CORPAT
DE S¹ MERI

DUVIVIER

1. Siège de la Bastille 14 Juillet 1789. (Médaille par Andrieux)

2. Médaille de l'Assemblée électorale 17 juillet 1789 (par Duvivier)

Médaille de l'Assemblée Nationale, 4 août 1789, (par Galleau et Duvivier)